¡Sé las reglas!

¡ESCUCHO!

I0811624

Pour Bray Jacobson

Gareth Stevens
PUBLISHING

Please visit our website, www.garethstevens.com. For a free color catalog of all our high-quality books, call toll free 1-800-542-2595 or fax 1-877-542-2596.

Library of Congress Cataloging-in-Publication Data

Names: Jacobson, Bray, author.
Title: ¡Escucho! / Bray Jacobson.
Description: Buffalo, New York : Gareth Stevens Publishing, [2024] | Series: ¡Sé las reglas! | Includes index.
Identifiers: LCCN 2022051538 (print) | LCCN 2022051539 (ebook) | ISBN 9781538290859 (library binding) | ISBN 9781538290842 (paperback) | ISBN 9781538290866 (ebook)
Subjects: LCSH: Listening–Juvenile literature. | Social skills in children–Juvenile literature. | Children–Conduct of life–Juvenile literature.
Classification: LCC BF323.L5 J33 2024 (print) | LCC BF323.L5 (ebook) | DDC 153.6/8–dc23/eng/20221213
LC record available at https://lccn.loc.gov/2022051538
LC ebook record available at https://lccn.loc.gov/2022051539

Published in 2024 by
Gareth Stevens Publishing
2544 Clinton Street
Buffalo, NY 14224

Designer: Claire Wrazin
Editor: Kristen Nelson
Translator: Michelle Richau

Photo credits: Cover Rawpixel.com/Shutterstock.com; p. 5 BearFotos/Shutterstock.com; pp. 7, 9, 19, 21 Monkey Business Images/Shutterstock.com; p. 11 SpeedKingz/Shutterstock.com; p. 13 fizkes/Shutterstock.com; pp. 15, 17 szefei/Shutterstock.com; p. 23 Krackenimages.com/Shutterstock.com; p. 24 (left) studiovin/Shutterstock.com; p. 24 (middle) wee dezign/Shutterstock.com.

Printed in the United States of America

CPSIA compliance information: Batch #CSGS24: For further information contact Gareth Stevens, at 1-800-542-2595.

Contenido

¡Escucho en la escuela!
Es una regla.

Señora Shepard lee a
la clase.
Diep y Graham se
sienten silenciosamente.
Ellos escuchan.

La maestra pregunta
sobre el libro.
¡Gerald sabe la
respuesta!
Él escuchaba al cuento.

Trini escucha en la clase de música.
Ella aprende las palabras de una canción.

¡Escucho en casa!

La hermana de Melissa
está molesta.
Ella quiere hablar.

Melissa está silenciosa. Ella asiente mientras escucha.

La mamá de Frankie le llama a comer.
Ella le dice a apagar su programa.

Frankie lo apaga.
Él escuchó a su mamá.
La entendió.

¿Cómo puedes escuchar?

Palabras clave

libro

clase

maestra

Índice